LOS ANGELES

ALSO BY GAIL WRONSKY

Dogland (chapbook)

Again The Gemini Are In The Orchard

Calamity And Belle: A Cowgirl Correspondence (with Molly Bendall)

Dear Calamity, Love Belle (with Molly Bendall)

Dying For Beauty

The Love-Talkers

Poems For Infidels

Blue Shadow Behind Everything Dazzling

Bling & Fringe (with Molly Bendall)

TRANSLATIONS

Volando Bajito, by Alicia Partnoy

SO QUICK BRIGHT THINGS

GAIL WRONSKY

TAN PRONTO LAS COSAS

Translated by
ALICIA PARTNOY

LOS ANGELES

Copyright © 2010 by Gail Wronsky. All rights reserved. Published in the United States by What Books Press, the imprint of the Glass Table Collective, Los Angeles.

Many of the poems in this book appeared originally, in earlier forms, in *The Drunken Boat*. The author thanks editor Rebecca Seiferle for her generosity in publishing them. Additionally, "The Melting Thrill" appeared in identitytheory.com; "Oberon in Daylight" appeared in *Runes*; "Hippolyta, the Amazon" appeared in *Third Coast*; "Couple With Their Heads Full Of Clouds," "O Flaming O," and "What Scrapes the Clouds: A Digression, or Christopher Marlowe is Dead" appeared in *Pistola*.

The author would also like to thank Ellen Geer, Peter Alsop, and Will Geer's Theatricum Botanicum for providing a background of Shakespearean sounds while she worked on these poems in their studio on a mountaintop above heaven.

Readers whose comments were more than valuable include Molly Bendall, Richard Katrovas, Karen Kevorkian, Alicia Partnoy, and David St. John.

Publisher's Cataloging-In-Publication Data

Wronsky, Gail Friemuth.
  So quick bright things = Tan pronto las cosas / Gail Wronsky ; translated by Alicia Partnoy.

  p. ; cm.

  Text in English and Spanish; translated into Spanish from the original English.
  "Many of the poems in this book appeared originally, in earlier forms, in The Drunken Boat."--T.p. verso.
  Uses the characters of Shakespeare's A Midsummer Night's Dream in contemporary landscapes.
  ISBN-13: 978-0-9845782-0-7
  ISBN-10: 0-9845782-0-X

  1. Poetry, American. 2. Love poetry, American. I. Partnoy, Alicia, 1955- II. Title. III. Title: Tan pronto las cosas

PS3623.R66 S67 2010
811./6   2010928214

What Books Press
23371 Mulholland Drive, no. 118
Los Angeles, CA 91364

WHATBOOKSPRESS.COM

Cover art: Gronk, *Neue Sachlichkeit*, mixed media on paper, 2010
Book design by Ashlee Goodwin, Fleuron Press.

SO QUICK BRIGHT THINGS

For Chuck—
my Oberon, Theseus, Bottom, and Puck

CONTENTS

Noche de jade	16
Jade Night	17
Imitación de un sueño	20
In Imitation of a Dream	21
Ese estado de expectativa	24
That State of Expectation	25
Efusión 1	28
Effusion 1	29
Pareja con la cabeza llena de nubes	30
Couple with their Heads Full of Clouds	31
¿Es simple la simplicidad?	34
Is Simplicity Simple?	35
Una cosa cultural	38
A Cultural Thing	39
La inmensa conmoción de amar	42
The Immense Jolt of Loving	43
Efusión 2	48
Effusion 2	49
Lo que rasguña las nubes: una disgresión, o Christopher Marlowe ha muerto	52
What Scrapes the Clouds: A Digression, or Christopher Marlowe Is Dead	53
Sensibilidades atormentaditas	58
Tortured Little Sensitivities	59

El rabillo del ojo	60
The Corner of the Eye	61
El hilo rojo de la pasión	64
Passion's Red Thread	65
Efusión 3	68
Effusion 3	69
Un compulsivo amor por el escándalo	70
A Compulsive Love of Scandal	71
Del temor a ser comprendida	76
In Fear of Being Understood	77
Hipólita, la Amazona	80
Hippolyta, the Amazon	81
Efusión 4	86
Effusion 4	87
Como esfinge	88
Sphinx-Like	89
La tarde del fauno	94
Afternoon of a Faun	95
Oberón a la luz del día	98
Oberon in Daylight	99
Oh flamenc O	102
O Flaming O	103
Efusión 5	108
Effusion 5	109

La emoción del deshielo	110
The Melting Thrill	111
Rendez vous con el fauno	118
Rendezvous with the Faun	119
Ser, tener, carecer	122
Being, Having, Lacking	123
Anillo de fuego	126
Ring of Fire	127
Efusión 6	130
Effusion 6	131
Una pequeña flor de occidente	132
A Little Western Flower	133
No se puede llevar puesto un avión Lear Jet	136
But You Can't Wear a Lear Jet	137
Vanidades divinas	140
Divine Vanities	141
Efusión 7	146
Effusion 7	147
Pesares, muy a pesar	150
Regrets, Beyond Belief	151
Epílogo: tú el imposeíble	156
Epilogue: Unpossessable You	157
De brillo, agave y rayas viudas:	161
El serio juego de traducir a Gail Wronsky.	

... mark'd I where the bolt of Cupid fell.
It fell upon a little western flower,
Before milk-white, now purple with love's wound ...
        II.i. 165-8

So quick bright things come to confusion.
        I.i. 149

Bless thee, Bottom, bless thee! Thou art translated.
        III.i. 117

A Midsummer Night's Dream

…el sitio donde el proyectil de Cupido cayó,
hiriendo una pequeña flor de occidente,
blanca como la leche, y que a causa de la herida de amor
se ha vuelto purpúrea…
     II.I. p197

Tan pronto las cosas brillantes se abisman en las sombras
de la confusión.
     I.II. p191

¡Dios te ampare, Bottom! ¡Dios te ampare! Estáis traducido.
     III.I. p191

Sueño de una noche de verano

NOCHE DE JADE

    Escenas de loco amor. Días extendidos
               como harapos a sus pies.
                Se alza Titania
junto a Oberón   mirando la ruina de todas las ruinas
       en México.

     Una fuente en mitad de la pieza:

JADE NIGHT

      Scenes of mad love. Days laid down
              like rags around their feet.
           Titania stands
with Oberon   looking at the ruin of ruins
        in Mexico.

     A fountain in the middle of the room:

Nada en el mundo   sino la lluvia.
Nada en el mundo sino lluvia y   harapos y

sus dos seres rotando
                    totalmente a la deriva. Y
  éste es el lugar real.   Asúmelo.

Asúmelo hasta que te haga pedazos.

Nothing in the world   but rain.
Nothing in the world but rain and   rags and

their two beings rotating
                              totally washed. And
     this is the real place.   Rub it.

     Rub it till it tears you apart.

IMITACIÓN DE UN SUEÑO

Titania y Oberón
        consideran el hallazgo
del sitio   pornográfico   de internet de su hija,

Pedro Quincio sugiere que es nuestra condena
        ver la misma función
                una y otra vez.

Aquí   es cuando la narración exige
    los atavíos eróticos
        de un striptease—

IN IMITATION OF A DREAM

Titania and Oberon
            discuss the discovery of
their daughter's   pornographic   website.

Peter Quince suggests that we are doomed
       to see the same play
                over and over.

Here   is where narration itself demands
      the erotic accoutrements
           of a striptease—

Estamos ceñidos a la
tiranía y el placer de lo que nos es   familiar
                              dice   Luz de Luna
     luciendo una capa   zurcida a mano
  de reflejos de sol.

        We are bounded by the
   tyranny and pleasure of what is   familiar
                       says   Moonshine
           wearing a handsewn   cape
       of reflected sunlight.

ESE ESTADO DE EXPECTATIVA

        En la mitad de uno   de sus entusiasmos
            de medianoche
Titania entra   a una avenida
     casi desierta.   En el proscenio
         un farol   una pared contra la cual
golpean los postigos   algo de un árbol encolerizado al viento
una sensación
       tormentosa   Oberón   a través
de una ventana de perfil despegando un insecto
                     prensado

THAT STATE OF EXPECTATION

     In the middle of one of her   midnight
        enthusiasms
Titania enters   a nearly deserted
     thoroughfare.   In the foreground
        a streetlamp   a wall against which
a slatted shutter bangs   part of a blustery tree
a stormy
     sensation   Oberon   seen
through a window in profile removing a pressed
          insect

      en un libro—
         un jovencito prostituído
con lápiz labial y una mueca como si
    fuera   a explotar de risa.   Titania
  flameante su piel de pececillo
   dorado   se paraliza entre los dos. En algún lugar
        piensa   ¿no había un capitán
  napoleónico   dando la orden de
                  ejecutar   a una adorable
      niña española   no era acaso en El Prado?

   from a book—
  a boy prostitute
lipsticked and grinning as though
   just about to bust out laughing. Titania
 in fiery goldfish skin is
paralyzed between the two. Somewhere
   she thinks wasn't a Napoleonic
captain giving the order to
     execute a lovely
  Spanish girl wasn't it the Prado?

EFUSIÓN 1

Hay a quienes
      tanto nos obsesiona el pasado lírico
que de él   morimos.
                    Para algunos
tiene la permanencia del
      bronce   y pensar que ha sido concebido
en arcilla   o yeso.   O por
          ave
tentadora   o asesina.

EFFUSION 1

Some of us
        are so obsessed with the lyric past
that we   die of it.
                For some
it has the permanence of
        bronze   although it was conceived
in clay   or plaster.   Or by a
        bird
flirting   or murdering.

PAREJA CON LA CABEZA LLENA DE NUBES

Después de su roce   con la muerte
    pero antes de que ni
    Titania ni Oberón pasaran un momento
        en la yurta de Puck
    voladísimos reviviendo sus propios
nacimientos   fue
    aquel tiempo llamado

    "Relojería y Desesperación"—

COUPLE WITH THEIR HEADS FULL OF CLOUDS

After their brush   with death
     but before either
         Titania or Oberon had spent any time
             in Puck's yurt
     tripping their brains out   reliving
their births   this
         was the time they referred to as

     "Clockwork and Despair—"

Las estatuas   de hecho
       los miraban con conocimiento de causa.
La espuma de mar   *estaba* hecha de juramentos   gitanos
         y humo de cigarro.   Pero lo que
las cosas no eran   era lo que entonces
       las volvía difíciles.   Lo
           que no eran   era mágico.

Statues were　　　　　in fact
　　　looking at them knowingly.
Seafoam　　*was* made of gypsy　　omens
　　　and cigar smoke.　　But it was
what things were not　　that made them
　　　　difficult then.　　What
　　they were not　　was magical.

¿ES SIMPLE LA SIMPLICIDAD?

La dirección de El Duque conseguimos.
      ¿Pero por qué perdimos
  todos un tornillo? ¿Por qué sin   parar
              reimos?

                   Si
visualizáramos   una lechuza   en la cabeza
de alguien   y después un trozo de excremento
                     encima de eso
¿le será grato a Puck   el Rey
    de los slide-shows?

IS SIMPLICITY SIMPLE?

We have the Duke's address.
        Why have we all gone
   fishing? Why can't we   stop
             laughing?

               If we
picture   an owl   on top of someone's
head   and then a piece of excrement
               on top of that
will it please Puck   the King
     of Slide Shows?

   ¿Por qué es

      la noche

    pantano de estrellas y el día
cacofonía de campanas futiles?
       "Se te escapa
el quid de la cuestión", me dices.

      Repite eso
    treinta veces para comenzar
así
    a comprender nuestro dilema
aquí   en el país de las hadas.

Why is

        night a

        marshland of stars and day
a cacophony of futile bell-ringing?
              "You're missing
the point," you say.

        Repeat that
        thirty times and you will
start
    to understand the dilemma
of   those of us in fairyland.

UNA COSA CULTURAL

Nosotras las Latinas   deseamos
perfiles definidos y un misterio
       visible

dice la reina.   El asbesto
de la luna y   todo eso. Sangre
     que salpica el cristal de la ventana.

Teseo   espía a través
     de las ranuras de su máscara
    de guerra un Aguila en
busca del destello de algo   infinito—

A CULTURAL THING

We Latinas   want
sharp profiles and visible
    mystery

says the queen.   The moon's
asbestos and   so on. Blood
    spattered on the windowpane.

Theseus   peering
    through the cracks in his
  Eagle warrior mask for
a glimpse of something   infinite—

—Moriremos.

    Este es el único remedio.

Por lo que nos concierne todo se nos hace

        inmensamente interesante.

—We will die.

    This is the only remedy.

Appropos of that we find it

        all immensely interesting.

LA INMENSA CONMOCIÓN DE AMAR

Para él los simulacros de
        inestabilidad mental volviéronse
intraducibles.

Frente al
        aire que los separaba ella
compró un revólver. Ella
        escupió   cerró puertas, pateó
cortinas
candados   el bosque de las ventanas—

THE IMMENSE JOLT OF LOVING

For him the simulations of her
        mental instability became
untranslatable.

In the face of the
        air that separated them she
purchased a revolver. She
        spit   she shut doors,   she kicked
curtains
dead-bolts   the forest of windows—

—*Eres*
> *sólido oro sexual*

dijo ella. El dijo *tiendes mentiras como*
> *sangre de dragón sobre nuestra*
> > *alfombra de poéticas manifestaciones.*

Todo este id—

 —You are
     solid sexual gold,
  she said. He said *you lie like*
    dragon's blood on our
   carpet of poetic manifestations.

   All that id—

      —he puesto   la placa fotográfica
                    de sus rostros en
un baño de ácido. A ellos
     les impactará lo que emerja   más o
   menos.   La osamenta de un
               contínuo intento
     de fuga.

    —I've put   the photographic plate
                of their faces into an
acid bath. They'll be
        shocked by what emerges   more or
      less. The bones of one
               continuous attempt
        to escape.

EFUSIÓN 2

Titania:
¿Con qué autoridad me controlas?

Oberón:
Soy un hombre y quiero acostarme contigo.

Titania:
¿Con qué autoridad me controlas?

Bottom:
Soy un hombre y quiero acostarme contigo.

EFFUSION 2

Titania:

By what authority do you control me?

Oberon:

I'm a man and I want to sleep with you.

Titania:

By what authority do you control me?

Bottom:

I'm a man and I want to sleep with you.

...y ella se sentó entre ellos dos
como una mula entre dos fardos
de heno igualmente apetecibles—sin poder moverse
hasta que rompió el alba, la luna musitaba allá
arriba alguna canción sobre océanos o hielo—

la luna, un nudo acosado de ecos,
un pantano de perlas—

la luna...oreja desnuda, enzarcillada por garra de ave.

*. . . and she sat between the two of them
like a mule between two equally appealing
thatches of hay—unable to move until
daybreak, the moon crooning overhead
some song about oceans or ice—*

*the moon, a knot haunted by echoes,
a quagmire of pearl—*

the moon . . . naked ear, birdclaw-earringed.

LO QUE RASGUÑA LAS NUBES: UNA DIGRESIÓN, O CHRISTOPHER MARLOWE HA MUERTO

Después de la procesión funeraria
                 los actores
    vuelven de nuevo
a la habitación.   El asesino   del poeta
     es liberado de
su detención y   héroe ahora

se les suma. ¿Qué
          es   un poeta muerto? ¿Una
metáfora de la violencia textual?

WHAT SCRAPES THE CLOUDS:
A DIGRESSION, OR
CHRISTOPHER MARLOWE IS DEAD

After the funeral procession
                the actors
    return once again
to the room. The poet-   killer
       is released from
custody and   joins them

a hero. What
            is   a dead poet?   A
metaphor for textual violence?

¿Un tipo de
      censura?   ¿Un
           amuleto o gatillo que los
moviliza hacia un
      nivel de discurso en todo
diferente?   La curva
           roja de
      su boca se había
cerrado como rehusando sus besos—

A type of
,,,,,,,,censorship? A
,,,,,,,,,,,,,,,,charm or trigger meant to
move them to a
,,,,,,,,different level of discourse
altogether? The red
,,,,,,,,,,,,,,,,curve of
,,,,,,,,his mouth had been
closed as if to refuse their kisses—

—Y entonces lo habían enterrado   sol gastado
en el nadir de todo cálculo sin fondo. Sólo sus
astas permanecían—irregulares
     estructuras extendidas hacia la oscuridad
el número de sus ramas
          correspondía preciso al
              número de
males de amor que había cargado.

—And so they had buried him   a spent sun
at the nadir of all bottomless reckoning. Only his
antlers remained—irregular
        structures stretched up into darkness
the number of their branches
            corresponding precisely to the
        number of
    heartaches he had borne.

SENSIBILIDADES ATORMENTADITAS

A todas su sensaciones   ella les pone las esposas de una sonrisa a sabiendas de que con un   brinco de sus piernas eléctricas podría iniciar el   aniquilamiento de Oberón. Degusta té de oolong en su taza forrada de piel.   Entra a su sitio de la red se levanta las joyas de los brazos   para ver si las heridas por ellas cubiertas   supuran o se curan.

TORTURED LITTLE SENSITIVITIES

Onto all of her sensations   she slips the handcuffs of a smile
knowing that with one   leap of her electric legs she could
initiate the   annihilation of Oberon. She sips
oolong tea in her fur-lined cup.   Checks her website
lifts the jewels on her arms   to see if the wounds they've
been covering have   festered or improved.

EL RABILLO DEL OJO

El rabillo del ojo un cuarto tapizado en corcho
                         como el de Marcel Proust,
es donde una taza y una botella de vino se citan   a *faire l'amour*.
Es donde Pedro Quincio   el apuesto
               mezcla concreto.   Donde un niño de la India
solo junto a las rocas
               levanta el brazo izquierdo
y hace que una bandada de palomas blancas cambie
la dirección de su vuelo—

THE CORNER OF THE EYE

The corner of the eye a cork-lined room
                    like that of Marcel Proust,
is where a mug and a wine bottle meet   to *faire l'amour*.
Is where Peter Quince   the handsome one
          mixes his concrete. Where an Indian boy
alone by the rocks
                    raises his left arm
making a flock of white doves flying one way
change its direction—

Pedro Quincio
carretilla entre las piernas desentierra
     formas aún húmedas de cemento sapos
santos   renacuajos
         y pequeños Cupidos   así llenando
    los fragantes espacios azules del
jardín de Titania.   Aún él
     comprende
que los trabajadores les hablan a los inmortales
        sólo cuando alguien los sorprende
a ellos los trabajadores   desprevenidos.

Peter Quince
straddles his wheelbarrow and shovels forth
      wet concrete in the shapes of frogs
saints   toadstools
        and little Cupids   therewith filling
    the fragrant blue spaces of
Titania's garden.   Even he
    understands
that working people speak to immortals
        only when they themselves
the workers   have been caught off-guard.

EL HILO ROJO DE LA PASIÓN

Ella cantará una canción de amor
                y se pondrá una cremosa gardenia
en el pelo.   Se untará las manos con

      loción de ylang ylang y
      su frialdad inmortal tornará en
encerados rayos de luna   incitación a la piel de los hombres

¿Qué quiere Oberón? La cama

cubierta de plumas
           que fuera su punto inicial.

PASSION'S RED THREAD

    She will sing a love-song
         and pin a creamy gardenia
in her hair. She will smother her hands with

    ylang-ylang lotion and
    turn her immortal coolness into
a waxen summoning   that whet's men's skin.

What does Oberon want? The feather-

covered bed
    which was their starting point.

¿Y
Titania?
Simplemente escribirle una carta:

Cada vez
que hago el amor   me digo si siquiera
Bottom estuviera aquí   enrollando mis pensamientos como
papel de armar cigarrillos   con sus dedos de tejedor de sueños.

And
Titania?
Simply to write him a letter:
>   *Each time*
> *I make love   I say to myself if only*
> *Bottom were here   twisting my thoughts like*
> *cigarette papers with his   dreamweaver's thumbs.*

EFUSIÓN 3

Arte es la cabeza del a s no.

Nuestra mirada tras
un agujero festoneado

ah no pocas veces bañado
en tierra. ¡Ja ja!

Ah no pocas veces bañado
en habla (la palabra

calculo es archipiélago)—el arte
tierra. La cabeza del a s no

de la verdad la única parte.

EFFUSION 3

The ass's head is art.

We gaze upon it
through fringed eyeholes

occasionally awash
with dirt. Ha ha!

Occasionally awash
with speech (word

as archipelago)—art as
dirt. The ass's head

as the one true part.

UN COMPULSIVO AMOR POR EL ESCÁNDALO

      resultó en que: alguna prostituta—
         sin revelar su nombre—
      telefonea al consejero de rehabilitación de Lisandro
      a medianoche dándole la dirección de un hotelucho—

A COMPULSIVE LOVE OF SCANDAL

    resulted in: some prostitute—
        wouldn't give her name—
           telephoning Lysander's rehab counselor
at midnight with the address of a cheap hotel—

El consejero rehúsa meterse en este tema
        a sabiendas de que Lisandro
ha perdido su herencia en un casino indio.

                En tanto Demetrio
en un frenesí de drogadicto es visto corriendo calle   abajo
se oyen sus grititos: *¡Mis amigos son actores! ¡Actores!*

The counselor refusing to become involved
         knowing that Lysander
has lost his inheritance in an Indian casino.

         Meanwhile Demetrius
in a drug rage seen running down the street   heard
shrieking: *My friends are actors! Actors!*

—En tanto Hermia le dice al espejo: *¡Mira*
    soy un cadáver!

Bottom cierra los ojos con placer ante la
        imagen de ese hilo de la virgen niña desamparada
de las películas siempre encontrada   y perdida.

—Meanwhile Hermia at her mirror: *Look
    I'm a corpse!*

Bottom closing his eyes in pleasure at the
        image of that gossamer homeless drift-girl
in the movies always found   then lost.

DEL TEMOR A SER COMPRENDIDA

Si el mundo es fugaz galería   de formas
al azar   entonces como luz tenemos   el poder
de   penetrar   todo cuerpo dormido.

Podemos ocupar   con secreta confianza el trono
abandonado del objeto.   Podemos
llamar a Oberón   "Bottom"
desde la honda pesadilla oceánica del lecho

IN FEAR OF BEING UNDERSTOOD

If the world is a shooting gallery of   random
forms then   like light we have the   power
to   penetrate   all sleeping bodies.

We can occupy   with confidence the abandoned
throne of the object.   We can
call Oberon   "Bottom"
from the deep oceanic nightmare of our beds

pero lo herimos—

—entonces nos deja   y se lleva a nuestro niño de la India.

A la mañana   en el café   cuando
confesemos la confusión y   sus consecuencias a
nuestro rústico amante   él las descartará   radiantemente.

Las exigencias del amor son demasiado grandes.

but this hurts him—

so he leaves us   taking our Indian boy.

In the morning   at the coffeehouse when we
confess the slip-up and   its consequences to
our rustic lover   he'll   shrug it off   radiantly.

The demands of love are too great.

HIPÓLITA, LA AMAZONA

Hipólita   la Amazona   recoge
gorriones muertos   y los embalsama.
    Les pone abriguitos tejidos a mano y
bufandas.
    Los llama: Blossom
Dimitri   Pavlova   Paz   y los acuesta
en un cajón del tocador.   ¿Que sucede allí—
una mediación   de la imagen deseada de sí misma
como madre?   ¿Como curandera?   ¿Como—

HIPPOLYTA, THE AMAZON

Hippolyta   the Amazon   collects
dead sparrows   for her taxidermy. She
   dresses them in handmade sweaters and
scarves.
     She   names them: Blossom
Dmitri   Pavlova   Peace   and displays them
in a dresser drawer.   What occurs there—
a mediation   of the desired image of the self
as mother?   As healer?   As—

redentora de la muerte?

En el documental	una anciana
guía a Hipólita	 por una calle angosta
en algún lugar de	Manhattan.	Una brisa

no muy distinta de la que sopla en
el departamento parisino de *Un Chien Andalou*

le levanta la capa—

redeemer of death?

In the documentary   Hippolyta
is led by an old woman   down a narrow street
somewhere in   Manhattan.   A breeze

not unlike the breeze that wafts through the
Parisian apartment in   *Un Chien Andalou*

lifts her cape—

revelando una impresionante
cantidad de vello.   Sólo porque ese pelo tupido
no está en *su* propio cuerpo   Titania lo desea.

Sólo porque a él   también
le gustaría sentirse abrigado   Oberón
se imagina que   Hipólita lo hace   objeto
de ese ritual   postmortem

más sin embargo   siendo inmortal   teme
            que éste sea un sueño vano.

revealing a shocking amount
of body hair.   Only because the thick hair
is not on *her* body   is it desirable to Titania.

Only because he   too
would like to be warm   does Oberon
imagine himself as an object of   Hippolyta's
post-mortem   ministrations

although   being immortal   he fears
                            that this is an idle dream.

EFUSIÓN 4

I want Shakespeare.

(En inglés *want* viene de
vanta—carecer—

pero ha evolucionando y significa, también,
desear. Por ende

to want: desear amorosamente).

Deseo amorosamente a Shakespeare.

EFFUSION 4

Yo quiero Shakespeare.

(the Spanish *querer* comes from
quaerere—to seek, to inquire—

but has evolved to signify, as well,
desire. Thus

querer: to search amorously.)

I search Shakespeare amorously.

COMO ESFINGE

La mujer ha hecho oficio   de auto otredad ultimamente.

Ha abandonado ese   candor   de niña
    que había cultivado por milenios.   De ahora en más serán
los juegos de sabiduría y clarividencia—   no

las ingenuas fascinaciones   encendidas por el
azaroso encuentro de palabras   en un poema. Cree

todavía   por supuesto   que la tierra entera
        es arte—

SPHINX-LIKE

The woman has been   self-othering lately.

Abandoning that   childlike   candor
    she'd cultivated for millenia. From now on it's
games of wisdom and clairvoyance—   not

the ingenuous fascinations   sparked by
chance meetings of words   in a poem. She

still believes   of course   that the whole earth
        is art—

y que lo maravilloso ha de ser
integral al   drama diario.

Pero ha dado   un paso fuera de la piel
de quien fuera su musa/*femme enfant*. Ella ha

angostado la mirada.   Su melena
una masa de rizos de piedra
     desciende por su espalda—a
la anarquía un monumento.

No   a la fallida anarquía exactamente—

and that the marvelous must be
integral to   everyday drama.

But she's stepped   outside the skin
of her former muse/*femme enfant*. She has

narrowed her gaze.   Her mane
a mass of stone ringlets
            trails down her back—a
monument to anarchy.

Not   failed anarchy exactly—

sino al correr y tropezar
vivaz que ya no busca ni encuentra.

Tanta gente muere   en todo caso.

El futuro, cuestión de puesta en escena —(más
puesta en escena aún—)   más reticencia a

que tus   palabras se ajusten a tus actos.

but to a rush and tumble
vivacity she no longer seeks nor finds.

So many people die   anyway.

The future, a matter of staging— (more
staging—)   more refusing to

conform   your words to your acts.

LA TARDE DEL FAUNO

Cuán bella   su grupa.

Qué sedosos sus cuernos.

Cuán torpemente se   mueve por
la pista de baile

al trotecito en dirección a Titania
quien viste un caftán diáfano
                y alas azules.

Son los *sweet sixteen* de alguien—

AFTERNOON OF A FAUN

How beautiful   his haunches.

How sleek his horns.

How awkwardly he   moves along
the dance floor

clicking in the direction of Titania
who's wearing a diaphanous caftan
                 and blue wings.

It's somebody's *quinceañera*—

haditas con tiara.   Niñas
vestidas como   la torta de Lady Baltimore.

Un conjunto de rock toca
              Stairway to Heaven

Pero Titania ha   hecho las cuentas.
Y la simple vanidad le impide

perseguir a su   Nijinsky
como jauría de perros cazadores

rumbo al bosque   detrás del
       quiosco de música estilo *belle époque*.

fairy-babies in tiaras.　　　Girls
dressed like　Lady Baltimore cake.

A flamenco house band plays
　　　　　　　Amor Milagroso.

But Titania has　　　done the math.
And simple vanity prevents her

from pursuing　　　her Nijinsky
like a pack of hunting dogs

into the woods　　　behind the
　　　　　　belle époque pavilion.

OBERÓN A LA LUZ DEL DÍA

En una escena de amor que tiene lugar frente
al fuego   el fuego puede ocupar
el lugar de   (y reemplazar)   la pasión
de la pareja abrazada.

Una categoría   retórica diferente
           de metáfora
es cuando el bolso de mano de Ana Karenina pasa a

ocupar el lugar de su cuerpo   diezmado
por el tren—

OBERON IN DAYLIGHT

In a love scene that takes place before a
fire   the fire can come to
stand for   (and replace)   the passion
of the embracing couple.

A different   rhetorical category
     of metaphor
is when Anna Karenina's handbag comes to

stand for her body   decimated
by the train—

Oberón a la luz del día
emergiendo de una yurta
           donde ha pasado la noche
en místico éxtasis   es como

el dulce   hierro   rojo del alba—

una visión que a Titania
alumbra y ciega
          con su luz lustral.

Oberon in daylight
emerging from a yurt
       where he has spent the night
in mystical reverie   is like

the gentle   red   iron   of dawn—

a sight that gives Titania vision
as it blinds her
       with its purging light.

OH FLAMENC O

Cortina Peliaguda dice Titania.

Korti Napelia Gouda   dice Oberón. *Se trata*
del nombre   de alguien.   No
  de una cortina musical.

(Es la   acometida de su mortalidad
lo que la   hace desfallecer así.
   La hace desear tener   el cuerpo
cubierto   como Hipólita

de pieles
                    extravagantes…)

O FLAMING O

Hairy Curtain says Titania.

Haahri Kirtahn says Oberon. *It's a kind of   music.   Not
   somebody's name.*

(It's the   coming on of mortality
that makes her   swoon like this.
    Makes her wish   her body
were covered   like Hippolyta's

extravagantly

        with fur . . .)

La música incongruente de un *fox trot*—

Incongruous music of a *paso doble*—

—*Faux trout*   dice Titania

Focas trotando dice Oberón.

La anécdota es crucial:

flamencos y danzas de la India.

No confundir con un orgasmo—

ni tomar como si fuera   una solución
a la pregunta—

de qué hacer acerca
                de elegirle nombre al chico.

—*Pas eau d'oublie*   says Titania.

Paz' ode "Oh Boy" says Oberon.

The anecdote is crucial:

flamingos and Indian dancing.

Not to be confused with orgasm—

nor to be mistaken   for a solution
to the question—

what to do about
           naming the child.

EFUSIÓN 5

con Magritte

La pipa invisible nada oculta.

Tan sólo la pipa visible, al ser vista,
permanece sin merma en su misterio.

Así es con el amor. Del amor visible
puede decirse: "Este no es
mi amor". Del amor invisible

nada se puede decir. Por lo demás
ambos son pipas. O
"pipas".

EFFUSION 5
after Magritte

The invisible pipe hides nothing.

Only the visible pipe, being seen,
remains in its mystery undiminished.

So it is with love. Of the visible love
one may say, "This is not
my love." Of the invisible love

one may say nothing. Otherwise
they are both pipes. Or
"pipes."

LA EMOCIÓN DEL DESHIELO

Como si fuera   un trozo de carne
    arrancado de un informe   bloque
Teseo
pasa la mano   sobre una espiral de mármol
    en su atelier.

Ha deseado   exponer
    la torsión   violenta de   las fuerzas
opuestas: cuanto más   inflexible el

material   más dolorosa la batalla—

THE MELTING THRILL

As though it were   a piece of flesh
    ripped from a formless   block
Theseus
runs his hand   over a marble spiral
      in his studio.

He has wanted to   expose
    the violent   torsion of   opposing
forces: the more   unyielding the

material   the more painful the battle—

Por ende al menguar la piedra—
y aquí le hace un guiño a Bachelard—

ha estado menguando
      su propia obsesiva dureza.

Sólo Hipólita de ojos caballos
oscuros   ha sido alguna vez capaz
de suavizar completamente su pensamiento. Sólo

Hipólita
    y el signo erótico de su
mirada   le   han dado   refugio—

Thus hacking away at stone—
and here he nods toward Bachelard—

he has been hacking away
      at his own obsessive hardness.

Only Hippolyta   with horse-dark
eyes   has ever been able to soften
his   thinking   completely.   Only

Hippolyta
      and the erotic signaling of her
gaze had   given him   refuge—

        en el mundo que gira constantemente—

—su vida después de la niñez una serie
de   duras espirales—

     fragilidad   en el espacio abierto. El miedo
hace girar al mundo
           le dijo ella.   Los hombres

se rinden a las ruedas   sin saber
        cómo dejar de girar.

   Hipólita misma   voló una vez—

in the constantly turning world—

—his life after childhood a series
of   tough spirals—

    fragility   in open space. Fear
makes the world go round
                she told him. Men

surrender into coils   not knowing
       how to stop turning.

Hippolyta herself   flew off one day—

—cual Pegaso

trayendo los cambios
              de luchas más nuevas.

"Había un no se qué
                    casi infinito en ella"
le dijo el escultor a su chambelán

"como un mar dándose   a luz".

—as if Pegasus

bringing on the changes of
        newer battles.

"There was something
        almost infinite about her"
the sculptor said to his chamberlain

"like the self-birthing   sea."

RENDEZ VOUS CON EL FAUNO

Te maravillaba algo adorable
en el cielo del sur
             pero lo que ese joven quería
era tu grupa.

             Hablaban de naves
panorámicas y portales   del juego dramático de la luz
a través de los arquitectónicos dominios de la mañana—

Llévame al mar de fuego   dijo él—

RENDEZVOUS WITH THE FAUN

You were marveling at something lovely
in the southern sky
                 but what the young man wanted
was your backend.

             You were talking vista
naves and portals   the dramatic play of light
across the architectured realms of morning—

Lead me to the sea of fire   he said—

*¿Qué les pasa muchachos qué es ese
             destructivismo barroco?*

El respondió   iniciando tumultuoso
tu vuelco: *Todo está construido sobre arena.*

Para que su caída signifique
        algo   Titania   la ciudad ha de ser
grande.

Mírame de frente. Mírame de frente dijiste
cuando hubo terminado—

ansiosa aún   de algo.

*What is it with you boys and your
             baroque destructiveness?*

He answered   initiating a tempestuous
overturning: *Everything is built on sand.*

In order for its downfall to mean
             anything   Titania   the city must
be great.

Look at my face. Look at my face   you said
when he had finished—

wanting   something.

SER, TENER, CARECER

con Hans Bellmer

La muñeca tiene   cuatro piernas sin torso.
       Ni cabeza.   Ni brazos.
Colgada de un gancho de carnicería   usa blancos

calcetines y zapatitos escolares. Su padre
       era nazi.
Su madre se ahogó en un río detrás de
               la casa.

La muñeca   lector   quiere que pongas
       uno de tus dedos en una de sus
         aperturas—

BEING, HAVING, LACKING
after Hans Bellmer

The doll has   four legs and no torso.
    No head.   No arms.
Hanging from a meat-hook   it wears white

socks and mary-janes. Its father
        was a Nazi.
Its mother drowned in a river behind the
                house.

It wants you   reader   to put
       one of your fingers into one of its
    apertures—

Es algo que Oberón   por ser
un rey   decente   no puede forzarse
         a hacer.

        Aun Puck
fracasa en este   umbral del desorden genital
aunque sucumbe   eventualmente

a su rol de chico malo
     en el perverso universo del sadismo
         de otro mundo—

habiendo notado cómo se diluyen   los fragmentos

así como el poema busca librarse del tema
               que lo sujeta.

It is something that Oberon   being
a decent   king   can't bring himself
    to do.

            Even Puck
falters at this   threshold of genital disorder
though eventually   succumbing

to his role as bad-boy
        in the perverse universe of otherworld
                            sadism—

having noticed the way fragments   dilute

the way the poem pulls to remove itself
                        from its subject.

ANILLO DE FUEGO

Oberón   que es Shiva   se sienta
                al centro de eso.

Eso que es cielo e infierno.   Eso
    huele   alternativamente   a
cardamomo—

a maranta   a sándalo—
y luego
a motor diésel   luego a

campo de batalla. Titania
      desea adorarlo—

RING OF FIRE

Oberon being Shiva   sits
        in the middle of it.

It is heaven and hell. It
      smells   alternately   like
cardamom—

like arrowroot   like sandalwood—
then
like a diesel engine   then a

battlefield. Titania
         wants to worship him—

desea sentir la urgencia de una
          intimidad de contrabando.
Ella se   elonga.

Ella se torna en algo
          afilado y fino.

Ella se abre camino entre los
      labios entreabiertos

de ese coro que canta   que es Brahma.

wants to feel the rush of a
        smuggled intimacy. She
makes herself   long.

She makes herself into something
        pointed and slim.

She pokes her way between the
       parted lips of the

singing chorus   that is Brahman.

EFUSIÓN 6

Eliminando amargura, nos comunicamos
vía teléfono inalámbrico

    sin preguntarnos por qué esos *bips*
se sienten tan cercanos a un encuentro real.

Hay reglamentos aquí en el nuevo regimen.
    Por empezar, los carceleros

gustarían de cierto reconocimiento.

Estimada Dama Amabilidad, Estimado Señor Pico
de Loro, Estimadísima Ruleta,

Amor, Ni Lo Sueñes.

EFFUSION 6

Eliminating bitterness, we communicate
by wireless telephone

    without wondering why these bleeps
feel so much like real meeting.

There are rules here in the new regime.
          For one thing, the prison guards

would like to be acknowledged.

Dear Dame Kindness, Dear Sir Monkey-
Wrench, Dearest Roulette,

Love, In Your Dreams.

UNA PEQUEÑA FLOR DE OCCIDENTE

A las doce será junio   dice Puck.
    Los heliotropos tornarán
        sus mil ojos en busca
de los redondos espejos negros
        de la tierra mojada.

Conozco un barranco donde
    se mece el tomillo silvestre
  dice Oberón.   He de hacer que Pedro Quincio
escriba un ballet sobre este sueño   dice
                Bottom—
Polilla recibe un texto de un girasol—

A LITTLE WESTERN FLOWER

Noon will be June   says Puck.
      The heliotrope will
          bend its thousand eyes over to
scan the round black mirrors
          of wet earth.

I know a bank where the
      wild thyme blows
        says Oberon. I'll get Peter Quince to
write a ballet of this dream   says
        Bottom—

Moth is texted by a sunflower—

...foscos los días inertes aviven.

Todo poema que no celebre la seducción
y la disciplina   es falso

dice Titania,   quien se alza en un halo violeta
    sobre lo que de adormecido
            hay en el drama
en la ciudad muerta de amor.   Polilla

frenética escribe un texto: *He aquí tu jardín para siempre jamás.*

. . . days burn inert in a tawny hour.

Any poem not celebrating seduction
     and discipline   is a false one

says Titania,   rising in violet haze
   over the sleeping
                     stuff of drama
       in the lovesick city. Moth

typing excitedly: *Find your forever garden here.*

NO SE PUEDE LLEVAR PUESTO UN AVIÓN LEAR JET

En el Café Noche de Verano
                            una camisola Puck
platinada a lo estrella   de cine un
        feeling casi surrealista al entrar—

Titania le llama su   aura.
               Ella le recuerda a Teseo *la aceleración*
la locomotora   *el choque violento*   *el delirio*—

Pero no se puede *llevar puesto* un avión Lear Jet   dice ella
       o   conquistarla una y otra vez—
ni   hacer que los arrumacos   tengan fantasías

de melancolía—

BUT YOU CAN'T WEAR A LEAR JET

At the Midsummer Café
                    a camisole by Puck of
movie star platinum   an almost
     surreal feeling of entering—

Titania calls it her   *aura.*
          She reminds Theseus of a *speeding*
locomotive   crashing   delirium—

But you can't *wear* a Lear jet   she says
      or   win her over and over—
can't   make sweet talk   have melancholy

fantasies—

    así en el barranco
                    (asienten las violetas)
    como al borde de la carretera
                    (colas de dragón de faros encendidos)--

    Después de su té bebido a sorbos lentos
                                    luminosa
    retoma el discurso sobre

        la preferible belleza de las fugas
    al atardecer.   *Una vez—*
                            dice
    recordando las prímulas
                        el fuego del hogar
                        los bazares Wicca de cristal

    —le ofrecí a Oberón el alcanzar pleno

        de ambos el dharma y el samsara.

whether on a riverbank
      (nodding violets)
or by the side of a freeway
    (dragon trails of headlights)—

Once she has sipped her tea slowly
        she glows
and will resume her discourse on

   the preferable beauty of evenings
of elopements.   Once—
       she says
remembering the oxlips
       the firesides
     the Wiccans' crystal shops

—I offered Oberon the fulfillment

    of both dharma and samsara.

VANIDADES DIVINAS

Hipólita   estaba harta
      de embalsamar gorriones.   Simplemente
no era el fuego brotando de una tuba

que había imaginado su arte sería
      al escribir:

Si hay un destino final, no merma
lo necesario del genio y el crimen profundo.

Había tratado de liberar *libélulas*
      de sus capillas lingüísticas—

DIVINE VANITIES

Hippolyta   was tired
        of stuffing sparrows. It simply
wasn't the fire leaping out of a tuba

she'd imagined her art would be
        when she'd written:

*If there is a destination, it does not diminish
our need for genius and deep crime.*

She had tried to liberate *dragonflies*
        from their linguistic shrines—

cazando cientos de esos angelitos quebradizos

y tratando de acuñarlos en oro derretido

   cierta de que el vudú alquímico
         necesario para afectar la dicotomía Saussureana
le sería dado.

                  Un día alguien
la encontró muerta frente a la chimenea.
         La nota decía: *el frágil revoloteo*

sobre mí—y nada más.

netting hundreds of the brittle angels

and trying to mint them into melted gold

 certain that the alchemical voodoo
   necessary to affect this Saussurean split
 would be with her.

     One day someone
discovered her dead in front of her fireplace.
 A note said: *the fragile hoverings*

above me—and nothing more.

Un Teseo abyecto
        pondrá algún día un cubo de mármol
                              en su honor

a orillas de un arroyo donde a menudo solían
        sentarse a sopesar la semiología de los insectos.

    An abject Theseus
        will someday place a marble cube
                in her honor

at the edge of a creek by which they'd often
        sat pondering the semiology of insects.

EFUSIÓN 7

Sus ojos eran verdes.

El mundo debiera estar aún enfermo
    de duelo.

(Ningún público ha amado

    jamás

con la adecuada intensidad).

Esas confesiones que
          nos imaginamos
repitiendo—

EFFUSION 7

His eyes were green.

The world should still be sick with
    mourning.

(No audience has ever

       loved

with adequate intensity.)

What confessions we
       imagine ourselves to
reiterate—

       comienzan y terminan en
fugaz puesta en escena de
              los sueños.

Sus ojos eran verdes como el agave.

Era ardoroso, extravagante,
       astuto, estúpido. Estaba de amor
encandilado. Se

desangró sobre todo lo que asciende

cuando el telón cae a plomo.

         begin and end in the
fleeting performances of
              dreams.

His eyes were green as leeks.

He was ardent, extravagant,
         astute, stupid. He was love-
dazzled. He

bled all over everything that rises

when the curtain plummets.

PESARES, MUY A PESAR

Oberón   no hay jardín.

Bottom   ni bellos ángeles desnudos en
        el bosque de noche. En realidad

Pedro Quincio   las mujeres en los matorrales
        del Bois du Bologne   tienen verga.

Como a casi todos los poetas   Titania   a tí te engañan
              las imágenes.
                      Y Puck
te asusta y te perturba todo lo que se
     esconde
            bajo la eglantina—

REGRETS, BEYOND BELIEF

       Oberon   there is no garden.

Bottom   no naked beautiful angels in
         the forest at night. In fact

Peter Quince   the women in the bushes
     of the Bois du Bologne   have pricks.

Like most poets   Titania   you are deceived
        by images.
                        And Puck
you are frightened and annoyed by what
    hides
            beneath the eglantine—

Hasta te hemos visto
         sobre alas delgadas   laborando
para preservar antiguos

encantamientos en aceite de cedro—escondiendo mágicos
                         antídotos en ataúdes
             de ciprés—

Pronto   actores   los leones se
         amotinarán entre
tus ruinas   sus garras enrojecidas

por flores escarlata
         que fueran sonrojadas
                         por herida de amor—

We've even seen you
         on slender wings   working
to preserve old

spells in cedar oil—concealing magic
         antidotes in cypress
         caskets—

Soon   players   lions will
         riot among
your ruins   their paws reddened

by the scarlet flowers
         that were reddened
                  by love's wound—

        Eso también será brillante
        y fugaz lienzo   show momentáneo—

alucinación superpuesta
              sobre una
    ilusión. Quizás los significados
         sean innumerables

para que descubramos
        con cada rotación de la tierra
    nuevas superficies de reflexión.

      That too will be a flickering
      scrim   a momentary show—

an hallucination superimposed
                      on top of
   illusion. Perhaps meanings
          are innumerable

in order for us to discover
         with each turning of the earth
   new surfaces for reflection.

EPÍLOGO: TÚ EL IMPOSEÍBLE

A veces algo etéreo que es nada huye
         intocable, flota
                 vuela bajito—
logra cumplir su cometido
        que es

    duplicarnos a todos hacia la eternidad.

(Es el sueño de Bottom o de Vishnu, este
         mundo misterioso
     de doble   voluptuoso deleite—

EPILOGUE: UNPOSSESSABLE YOU

Sometimes airy nothing escapes
        unscathed, floats
                wholly under the radar—
gets to accomplish its agenda
        which is

    doubling all of us into eternity.

(Is it Bottom's dream or Vishnu's, this
        mystery world
     of two-fold   voluptuous delight—

    perpetuamente coalzándose
                sobre y más allá
de nuestras memorias…?)   Es todo

o acaso no—
    el trueque de nuestros   sueños—

el llegar siempre a más nuevas   más hermosas
confusiones:

nuestros ojos detrás de nuestros otros ojos—
                detrás de ellos
(por suerte)   los prontos ojos brillantes de los otros.

        perpetually coarising
                over and beyond
our memories . . . ?)   It's everything

isn't it—
    the trading off of dreams—

always arriving at newer   more beautiful
confusions:

our eyes behind our other eyes—
              behind them
(thankfully)   the quick bright eyes of others.

DE BRILLO, AGAVE Y RAYAS VIUDAS: EL SERIO JUEGO DE TRADUCIR A GAIL WRONSKY

LA ORIGINALIDAD DEL PROYECTO poético de Gail Wronsky radica en recalibrar bajo el lente surrealista y una sensibilidad feminista contemporánea, los grandes mitos que han alimentado la literatura y la creación artística a través de los siglos. Sus poemas son reflexiones filosóficas vestidas de tules, terciopelos o recamados mantos de lenguaje. Quien la haya oído recitar su poesía sabrá que ella lee como quien le hace el amor a las palabras. Con el eco de esa voz, escuchada durante doce años de colaborar y transitar juntas por muchos caminos, no me fué difícil abrir mi poesía a la suya. Con la comprensión de su proyecto, madurada en el conocimiento de su obra y de su visión, supe dejar triunfar su verso por sobre todo prejuicio, presuposición o arrogancia, es decir por sobre las más frecuentes limitaciones del poeta que encara la tarea de traducir a otro.

Paradójicamente, las traducciones de otros fueron en este caso el obstáculo más difícil de sortear. Me refiero a la versión, bastante prosaica pero sancionada por siglos de lectura, de *Sueño de una noche de verano*, de Shakespeare, obra con la que este poemario está en constante diálogo. La dificultad se hace evidente desde el título de la traducción donde, a todas luces, se pierde en "brillo" para ganar en sonoridad. Quien comprenda inglés advertirá con estupor que *Tan pronto las cosas*, aunque imita en forma, sonido y sentimientos el título original, no incluye la noción de que esas cosas son brillantes, luminosas. Sin embargo, esas cuatro palabras breves conservan la musicalidad de las aliteraciones del inglés. Es más, transmiten el mismo sentimiento de precariedad y desilusión de la cita de Shakespeare que titula el libro.

En esas negociaciones abordadas permanentemente en la tarea de traducir poesía, la autora y yo decidimos ceñirnos a la versión más difundida de las palabras de Lisandro en el primer acto de la comedia: "Tan pronto las cosas brillantes se abisman en las sombras de la confusión." Se trata de la traducción incluída en el libro *Teatro* de Porrúa. Esta editorial mexicana popularizó la obra en sus volúmenes económicos, afortunadamente accesibles al lector latinoamericano. Lo desafortunado del caso, es que Porrúa, aún en su edición vigésimosegunda del año 2005,[1] omite el nombre del traductor. Comparando los textos, he llegado a la conclusión de que reproduce allí la versión de José Arnaldo Márquez, publicada en 1884 en Barcelona. El libro anuncia haber sido escrito por Guillermo Shakspeare [*sic*]. La calidad de este texto es muy inferior a la traducción de Luis Astrana Marín, en la que se cuenta, abrevaba la musa de Federico García Lorca. Sin embargo, tampoco esta versión solucionaría el problema. La traducción de Astrana Marín de "So quick bright things come to confusion" carece de la poética precisión del inglés convirtiéndose en el palabrerío: "¡Tan pronto en las cosas resplandecientes sobreviene la disipación!". Titular este poemario "Tan pronto en las cosas resplandecientes", hubiera condenado su nombre al olvido. Mi intención inicial era traducir el título como "Luminosas fugacidades", con lo que se hubiera perdido la referencia directa al texto de Shakespeare.

En ocasiones, la trama del tejido antiguo "apretaba" demasiado y entonces, instigada por la autora, opté por alterar parcialmente la vieja traducción. En "Una pequeña flor de occidente", el tomillo no solamente "crece" ni se ordena a Bottom escribir una "balada", como refiere la traducción de Márquez, sino que, la hierba "se mece" y lo que quieren del tejedor es en realidad que produzca un "ballet".

Tampoco en "Efusión 7" pude conservar sin arriesgar carcajadas del lector donde no corresponden, la traducción antigua: "Sus ojos eran verdes como alfalfa". ¿Cómo reproducir el sentimiento poético y dramático de las palabras de Tisbe: "His eyes were green as leeks", sin aludir a la prosaica verdura a la que se refiere: el ordinario "ajo porro" o "puerro"? El color verde azulado de sus hojas (y de los ojos) y el sonido repetido se transmiten aquí con el vocablo "agave", palabra que nos evoca tierras latinoamericanas y lágrimas con sabor a tequila.

Con los nombres de los personajes utilizamos una estrategia diferente, ya que se han popularizado a lo largo de los siglos como prototipos. Es obvio que si "Bottom" se llamara "Trasero" o "Fondillos", por ejemplo, se facilitaría la comprensión de los múltiples juegos de doble sentido, tanto en la obra de Shakespeare como en los poemas de Wronsky. Del mismo modo, "Puck" debiera llevar el nombre "Duende" o su equivalente centroamericano: "Cipitío". Optar por este último hubiera sido aún más subversivo que el uso de las "rayas viudas" que pueblan mi traducción de este poemario.

A sabiendas de que el castellano, a diferencia del inglés, requiere que el guión largo se cierre en todas las instancias en que no se trate de un diálogo, optamos por usarlo como ya lo han hecho algunos traductores de Emily Dickinson. La poeta norteamericana fue duramente criticada en los ambientes literarios por usar profusamente ese guión, más permisible en la escritura informal. Los puntos suspensivos de nuestro idioma—a diferencia de este signo de puntuación en inglés—no cumplen las múltiples funciones de denotar énfasis o señalar una alteración abrupta del hilo de pensamiento. Además, sospechamos que por evitar alterar en demasía la apariencia del poema en la página, algunos traductores de Dickinson ya han utilizado estas "rayas viudas". Sirva su presencia en esta versión de la obra de Wronsky, como homenaje y tributo al espíritu subversivo y el genio de quien fuera en vida ninguneada como escritora.

ALICIA PARTNOY

---

[1] "Sueño de una noche de verano", en William Shakespeare, *Teatro* (México: Editorial Porrúa, 2006), 187-201.

GAIL WRONSKY has written six books of poetry and prose, cowritten three books with Molly Bendall, and translated a book of poems by Alicia Partnoy. She is the recipient of an Artists Fellowship from the California Arts Council and has been a finalist for the Western Arts Federation Poetry Prize. Her poems, reviews, and essays appear widely in journals and anthologies. She is Director of Creative Writing and Syntext at Loyola Marymount University in Los Angeles where she teaches poetry, women's writing, and Shakespeare. She lives in Topanga Canyon.

ALICIA PARTNOY is an Argentine/U.S Latina poet, scholar, and translator. She is the author of *The Little School. Tales of Disappearance and Survival*, published in 2006 as *La Escuelita. Relatos testimoniales*. Her poetry collections are *Little Low Flying/Volando bajito*, translated by Gail Wronsky, and *Revenge of the Apple/Venganza de la manzana*. Partnoy edited *You Can't Drown the Fire: Latin American Women Writing in Exile* and was co-editor of *Chicana/Latina Studies: The journal of Mujeres Activas en Letras y Cambio Social*. She teaches in the Modern Languages and Literatures department of Loyola Marymount University.

TITLES FROM
WHAT BOOKS PRESS

POETRY

Molly Bendall & Gail Wronsky, *Bling & Fringe (The L.A. Poems)*

Kevin Cantwell, *One of Those Russian Novels*

Ramón García, *Other Countries*

Karen Kevorkian, *Lizard Dream*

Gail Wronsky, *So Quick Bright Things*
BILINGUAL, SPANISH TRANSLATED BY ALICIA PARTNOY

FICTION

François Camoin, *April, May, and So On*

A.W. DeAnnuntis, *Master Siger's Dream*

Katharine Haake, *The Origin of Stars and Other Stories*

Chuck Rosenthal, *Coyote O'Donohughe's History of Texas*

MAGIC JOURNALISM

Chuck Rosenthal, *Are We Not There Yet? Travels in Nepal, North India, and Bhutan*

ART

Gronk, *A Giant Claw*
BILINGUAL, SPANISH

WHAT BOOKS PRESS
LOS ANGELES

What Books Press books may be ordered from:
SPDBOOKS.ORG | ORDERS@SPDBOOKS.ORG | (800) 869 7553 | AMAZON.COM

Visit our website at
WHATBOOKSPRESS.COM

CPSIA information can be obtained at www.ICGtesting.com
Printed in the USA
BVOW011422061112

304827BV00001B/213/P